Guter Rat für Ahnunxlose

Nicht immer ernst zu nehmende Gedichte

von Rainer Thomsen ☺ Zeichnungen von Uwe Beer

AF288989

Texte, Titelseite und Verlag: Rainer Thomsen, Hamburg, Fax: 040-536 53 84.
Zeichnungen: Uwe Beer, Sereetz bei Lübeck, E-Mail: mu-beer@gmx.de.
Erstellung der digitalen Vorlage: NÜSSE Design, 22587 Hamburg.
Herstellung: Books on Demand GmbH, 22848 Norderstedt, Gutenbergring 53
Printed in Germany, 1. Auflage April 2001. Alle Rechte vorbehalten.

ISBN 3-8311-2084-6

Inhaltsverzeichnis

Einen herzlichen Dank:

An alle (wenigen), die mich ausdrücklich oder indirekt durch ihre positiven Kommentare dazu ermutigt haben, nun einen Teil meiner Gedichte zu veröffentlichen.

An Uwe Beer für die vielen flotten Zeichnungen, die er nach knappen Stichworten oder stümperhaften Skizzen für mich angefertigt hat, und die mich auch jetzt noch immer wieder faszinieren.

Meiner lieben Frau danke ich für ihre große Geduld, denn vieles andere kam durch das Buch zu kurz. Auch tat mir immer wieder ihr Trost gut, wenn mündliche oder schriftliche Resonanz mancher Leser zu den ihnen angedrehten Gedichten vielsagend knapp war („–"). Als erfahrene und engagierte Deutschlehrerin war meine Frau natürlich auch für das Korrekturlesen prädestiniert.

Der deutschen Zeitung „Neues für Alle" in Asunción und dem „Alster-Anzeiger" in Hamburg danke ich für die Veröffentlichung einiger meiner Gedichte.

Und warum Selbstverlag?
Ich bringe lieber einen Leser zum Lächeln
als hundert Lektoren zum Stöhnen.

Vorwort

O Leser, hör den guten Rat
von einem, der Erfahrung hat:
Du musst dich ganz besonders hüten
vor Ratschlag, den dir andre bieten:

Es geben kinderlose Tanten
Erziehungsrat gern den Verwandten.
Auch rät die schrillste Vogelscheuche,
wie Männerherzen man erweiche.

Vom Hagestolz und Weiberfeind
das Buch „Dein Eheglück" erscheint.
Fällt einem schon die Miete schwer,
der schreibt: „So wirst du Millionär".

Von solchen Leuten und dergleichen
wird dich so mancher Rat erreichen,
teils ungefragt und teils für Lohn.
Kurzum: Es ist der reinste Hohn!

Bei mir ist es, du wirst es sehn,
ganz anders: ich, das Phänomen!
Drum sei so gut und schlaf nicht ein.
Mein Rat wird dir sehr wertvoll sein.

Ob Zeitungsmeldung, ob Gedicht:
sehr viel, was wahr klingt, ist es nicht.

Aquarianer, hör den Rat
von einem, der Erfahrung hat:
Gibst du den Fischen Futterflocken,
dann denk daran: Die sind sehr trocken.
Damit die Fische länger leben,
musst du auch was zu trinken geben.

An der Behandlung schwacher Wesen
ist dein Charakter abzulesen.
Wer stark genug ist, sich zu wehren,
kann sogar Schuften Anstand lehren.

O **Astronomen**, hört den Rat
von einem, der Erfahrung hat:
Es ist sehr wichtig, dass bei Nacht
ihr alle Sterne gut bewacht!
Ihr denkt, das hat doch keinen Sinn,
und haltet mich vielleicht für dumm?
Es steht doch in der Zeitung drin:
Der Große-Bären-Klau * geht um!

* seltsamerweise auch Herkuleskraut genannt

Es haben manchmal ihre Tücken
Gedanken – und Gedankenlücken.

O **Autofahrer**, hör den Rat
von einem, der Erfahrung hat:
Du musst, willst du ein Fahrzeug lenken,
zwei **Regeln** dabei stets bedenken:
Die Regel eins ist selbstverständlich,
dass Raum und Zeit sind fast unendlich.

Für Autos und was sonst es sei,
gilt außerdem die Regel zwei:
Am gleichen Punkt zur gleichen Zeit
zu sein, das geht nicht gut zu zweit.

Dem, der's versucht, wird sich deswegen
erst Blech, dann Stirn in Falten legen.
Mehr A b s t a n d ist das Gegenteil
von „crash". So bleibt der Wagen heil.

Es kann schon der Versuch sich rächen,
Naturgesetze frech zu brechen.

O **Autofahrer**, hör den Rat
von einem, der Erfahrung hat:
Wie oft fährst du so manche Runden,
bis einen Parkplatz du gefunden?

Es löst dies lästige Problem
ein **Gabelstapler** sehr bequem,
denn dieses bullige Gerät
schafft dann noch Platz, wenn nichts mehr geht:

Man kann ja erstens kräftig drücken,
bis alle Autos ohne Lücken
nur halb so viel an Stellplatz brauchen.
Man muss sie nur ein wenig stauchen.

Und zweitens kann in Härtefällen
man Autos aufeinander stellen,
zur Not auch auf's Garagendach.
Das macht so leicht sonst keiner nach.

Es ist der Gabelstapler auch
gut für den täglichen Gebrauch:
Beim Umzug und beim Großeinkauf
passt alles auf die Gabel drauf.

Auch als Familiengefährt
ist so ein Stapler sehr begehrt.
Dann nimmt man auf die Gabel nur
die Vier-Sitz-Polstergarnitur.

Der Stapler macht auf diese Weise
zum Abenteuer jede Reise,
so dass man sich nach kurzer Zeit
schon mächtig auf die Heimat freut.

Ob man ihn kauft, ob least, ob mietet,
ein solcher Gabelstapler bietet,
dir Tag für Tag in vielen Fällen
so manchen Vorteil. Schnell bestellen!

Die sollten auf dem Schrottplatz wandern,
die blöden Autos – aller andern!

O **Autofahrer**, hör den Rat
von einem, der Erfahrung hat:
Wenn du von einem **Marder** weißt,
der Schläuche oder Kabel beißt
in deinem heiß geliebten Wagen,
dann solltest du ihn schnell verjagen.

Der Marder ist ein kluges Tier,
ja, manchmal schlauer noch als wir.
Doch wurden gute Tricks entdeckt,
womit man dieses Raubtier schreckt.
Und da für viele von Interesse,
steht mancher Trick auch in der Presse.
Doch wurde das, was aufgeführt,
wohl auch nicht immer ausprobiert.

Ganz anders hier bei den bewährten,
erprobten Tips von den Gelehrten:
Zunächst sei konstatiert: Es hemmt
das Tier, was ihm bis dato fremd
im Klang, im Aussehn und Geruch.
Man fragt sich nur, wirkt es genug?
Und ob es auch auf Dauer scheucht?
Gewöhnt es sich daran vielleicht?

An Haar von Löwen und Hyänen
wird niemand sich so schnell gewöhnen,
doch stellt sich uns die Frage hier:
Wer hat zu Haus ein solches Tier?
Und wenn, was würde ihm passieren,
versuchte er, es zu rasieren?

Drum fragt sich, wer in Land und Stadt
mit Mardern seinen Kummer hat:
Geht es im Großen und im Ganzen
nicht auch mit käuflichen Substanzen?

Chemie, die uns mit Gift verwöhnt
fast gegen alles, was verpönt,
die liefert Sprays als Marder-Schreck.
- Ob die erfüllen ihren Zweck?
Sehr wichtig mir die Frage scheint,
ob Marder weiß, dass man ihn meint.

Passfotos zu Behördenzwecken,
die können jeden wohl erschrecken.
Sie wirkten auch sehr lange Zeit,
nur leider nicht bei Dunkelheit.
Drum musste man sie nachts beleuchten,
weil sie den Zweck sonst nicht erreichten.

Es schreckten auch die Zappelschreier
der Popmusik ganz ungeheuer.
Ob Bild, ob Ton, erst recht mit beiden
mag sie ein Marder gar nicht leiden.
Doch ein Naturfreund sagt, das sei
verboten, weil Tierquälerei.

Auch ekeln Marder sich nach Jahren
noch sehr vor Steuer-Formularen,
selbst, wenn sie alt sind, null und nichtig.
Sind Marder etwa steuerpflichtig?
Falls ja, dann muss uns niemand sagen,
warum sie alte Kabel nagen.

Beifahrer, hör den guten Rat
von einem, der Erfahrung hat:
Der Autofahrer hat es schwer,
drum braucht er deine Hilfe sehr,
auf Strecken, die ihm ungewohnt,
damit er seine Nerven schont.
In Serpentinen und beim Schalten
da tröstet ihn dein Händchenhalten.

Im flachen Land, auf langen Graden
kann etwas Hilfe auch nicht schaden:
Erscheint am Horizont ein Schild
ist Zeit, dass man „Fahr langsam!" brüllt.
Dasselbe gilt für Kurven, Orte
und für Objekte jeder Sorte.
Der Fahrer wird sich stets erfreuen
an deinen schrillen, spitzen Schreien.

Der turbulente Stadtverkehr
ist für den Fahrer auch sehr schwer.
Muss er zum Parken rückwärts setzen,
weiß deine Zeichen er zu schätzen.
Wie man in welchem Falle winkt,
zeigt dir ganz sicher dein Instinkt.
Der Fahrer weiß, wie er es deute.
– Was brüllen da die fremden Leute?

Sehr wichtig ist auch stets gewesen,
den halben Stadtplan vorzulesen.
Weiß er den Weg selbst dann noch nicht,
halt ihm die Karte vors Gesicht,
dann muss er sich nicht so verrenken.
Auch an die Windschutzscheibe denken!
Bei voller Fahrt ist ja das Tuch
zum Wischen niemals groß genug.

Beim Tanken, was es immer sei,
prüfst du am Schauglas: Klumpenfrei?
Im Zweifel besser „Tank umrühren".
– Kann das Getriebe ruinieren???
Zu Hause kommt es sehr gelegen,
den Wagen gründlich auch zu pflegen.
Selbst gröbster Schmutz vom Lack verschwand
mit Drahtschwamm und mit Scheuersand.

Der Beistand und die weisen Lehren
von manchen sind kaum abzuwehren.

O **Bergmann**, hör den guten Rat
von einem, der Erfahrung hat:
Wenn es im Stollen plötzlich zieht
und wenn man dann noch Kumpel sieht,
die über Kopf stehn, englisch sprechen:
Dann dürft ihr in der Zeche zechen!
Wieso, weshalb, warum, weswegen?
Welcome, australische Kollegen!

Getränke können nicht erfrischen,
wenn sie verdunstet sind inzwischen.

Briefmarkensammler, hör den Rat
von einem, der Erfahrung hat:
Bei Frost und Regen, Sturm und Blitzen,
da musst du wohl im Zimmer sitzen,
doch Sonnenschein und Blumenduft,
die locken an die frische Luft:

Nimm Album, Lupe, Kaffeetasse
auf den Balkon, die Dachterrasse,
um deine Schätze auszubreiten,
die so viel Freude dir bereiten!

O Feierabend, schönste Zeit –
bis unten jemand ruft: Es schneit!

Sieh einen Schmetterling dir an:
Ob Mensch, ob Zufall schaffen kann,
was Nektar tankt, selbst Nachwuchs kriegt,
so prachtvoll ist und himmlisch fliegt?

O **Camper**, hör den guten Rat
von einem, der Erfahrung hat:
Wenn Autoschlangen und Volksgetümmel
bei Schauerböen und grauem Himmel
dich an der westlichen Ostsee nur quälen,
kann ich die nördliche Südsee empfehlen!

Getrennt sind Wunsch und Wirklichkeit
bei uns oft leider meilenweit.

Fehlt dir im Winter Strand und Sonne,
dann bietet auch die Wanne Wonne.

O **Dichter**, hör den guten Rat
von einem, der Erfahrung hat:
Du willst dem Publikum berichten,
was du so fühlst und denkst und weißt.
Nein, nicht nur einfach schreiben: Dichten!
Mit Reim und Rhythmus, Witz und Geist!

Doch ist dies alles dir zu schwierig,
machst du es ohne, nennst das „Lyrik",
was andre „Asthma-Prosa" nennen?
Nun ja, man soll den Spaß dir gönnen!

Die Form – der Inhalt? Muss man wählen,
dann darf die Form schon eher fehlen.
Der Inhalt ist schon mehr ein Muss,
die Form bringt bestenfalls Genuss.

Drum lassen wir es besser bleiben,
die zu belächeln, die so schreiben,
wie sie es können oder mögen.
Man zankt sich nicht mit den Kollegen!

Direktor, hör den guten Rat
von einem, der Erfahrung hat:
So manche Leute gibt's, die kosten
weit mehr als Nutzen bringt ihr Posten.
Die wirst du auch so schnell nicht los,
drum rate ich dir eines bloß:

Kauf doch die Schreibtischmensch-Attrappe
aus Plastik, Gummi oder Pappe!
Die ist sehr niedrig im Verbrauch,
schafft fast so viel wie andre auch,
macht keinen Mist und keinen Müll.
Sie trinkt nicht, raucht nicht, sitzt ganz still,
ist freundlich, selbst zu guten Kunden,
macht täglich sechzehn Überstunden.

Ob Samstag, Sonntag, Feiertag:
Ihr Arbeitseifer lässt nicht nach.
Sie streikt nicht, wenn sie streiken könnte,
geht nie zur Kur und nie in Rente,
nimmt niemals Urlaub, wird nie krank.
So sitzt sie da, jahrzehntelang!

Wie wir ergraut auch sie inzwischen,
– falls man vergisst, sie staubzuwischen.
Wenn sie verschleißt durch den Gebrauch:
Den grünen Punkt, den hat sie auch!

Sehr vielen Würdenträgern graut
davor, dass jemand sie durchschaut.

Man merkt es oft: Nicht jeder weiß
den Unterschied von Wert und Preis.

Ein bisschen Arbeit ist ganz schön,
wie soll der Tag denn sonst vergehn?

O **Dirigent**, hör doch den Rat
von einem, der Erfahrung hat:
Spielst du im Kurpark „open air",
kommt nicht nur Publikum daher!

Es gilt darum, beim Dirigieren
nicht auf die Noten nur zu stieren:
Du musst die Musiker, die schwitzen,
auch immer vor Insekten schützen,
wie Mücken, Fliegen und dergleichen.
Die musst du pausenlos verscheuchen.

Denn wenn sie sich auf Ehrenplätzen
wie Notenblättern niedersetzen,
wie leicht spielt man sie dann als Töne,
und zwar nicht immer allzu schöne!

Auch lassen sie auf Partituren
oft hier und da so manche Spuren
von ihrem schwarzen Fliegendung,
die deutbar als Verlängerung.

Manch erste Geige, schwarz befrackt,
kam so schon furchtbar aus dem Takt,
was zwar das Publikum nicht hört,
solang man es im Schlaf nicht stört.

Du darfst, sonst kommt es zu Problemen,
den Taktstock nicht zum Scheuchen nehmen.
Denn Musiker, die dienstbeflissen
dem Taktstock folgen, müssen wissen
bei deinen irren Winkelzügen:
gilt's ihnen oder gilt's den Fliegen?
So hilfst du ihnen aus der Patsche:
Rechts Taktstock, links die Fliegenklatsche!

Perfekte Komik ist nicht billig,
erst recht nicht, wenn sie unfreiwillig.

O **Fernsehgucker**, hör den Rat
von einem, der Erfahrung hat:
Du merkst doch sicher dann und wann:
Der Fernsehsprecher glotzt dich an!

Was hat das wohl für einen Grund?
Vielleicht sprichst du mit vollem Mund,
bist ungekämmt und unrasiert?
Nein, dass dir so was nur passiert!

Du fragst: „Wieso kann der mich sehen?
Wie ist das technisch zu verstehen?"
Das will ich dir nun schnell erklären,
dann kannst du dich dagegen wehren:

In neueren Geräten, da
steckt eine Feedback-Kamera,
und was sie aufnimmt, sieht dann so
der Sprecher auch im Studio.

Sonst wüsste er ja wirklich nicht,
zu welchem Publikum er spricht,
ob klug, ob dumm, ob geistesschwach,
ob müde, schläfrig oder wach.

Denn schließlich sehn die Sendung heute
noch aus Versehn paar andre Leute.
Es sind wahrscheinlich außer dir
im Durchschnitt etwa drei bis vier –.

Zunächst kannst du mal ausprobieren,
ob er, ob sie dich deutlich sieht,
um nicht umsonst dich zu genieren.
Das wär ja doch ein Unterschied!

Du machst zum Beispiel einfach Faxen
wie jetzt. – Ach, so bist du gewachsen?!
Wenn er den Mund dann nicht verzieht,
dann weißt du, dass er dich nicht sieht.

Doch wenn er lächelt oder lacht,
beweist das: Du wirst überwacht!
Dann musst du wirklich überlegen:
Was machst du jetzt ganz schnell dagegen?

Die Zeitung vor die Nase halten?
Ein anderes Programm einschalten?
Den Fernsehschirm nach hinten drehen?
Ganz einfach aus dem Zimmer gehen?

In wirklich schlimmen Härtefällen
hilft's auch, die Kiste auszustellen.
Doch mancher mit der Zeit vergisst
wo dieser gute Schalter ist.
Den Trick gibt's noch, den unbequemen:
sich gut vor'm Bildschirm zu benehmen!

Friseur, o hör den guten Rat
von einem, der Erfahrung hat:
Du willst die Kunden gern verwöhnen
mit Waschen, Schneiden, Färben, Föhnen
und Dauerwellen aller Arten.
Kann er nicht mehr von dir erwarten?

So mancher Herr in reifen Jahren,
der würde sicher gern erfahren,
nachdem die Haarpracht fast entschwand:
Wie groß ist jetzt sein Restbestand?
Hier hilft kein Schätzen, sondern nur
die haargenaue Inventur. –

In dieser Welt, wo ungeniert,
die Dummheit wächst, blüht und regiert,
da hat man einen ganzen Haufen
von Gründen, sich das Haar zu raufen,
und wär dazu auch gern bereit,
jedoch – wie immer fehlt die Zeit.
Was würde da vortrefflich passen?
Das Haar elektrisch raufen lassen! –

Personen, die von sich viel halten,
sind Meister oft im Haarespalten,
wodurch sich tiefe Bildung zeigt
und auch des Haares Fülle steigt.
Nur: Wer will damit Zeit verlieren?
Man muss auch dies mechanisieren!

Das wären schon drei Möglichkeiten,
um deinen Umsatz auszuweiten.
Und hat der Fortschritt auch mal Tücken,
verleihst den Kunden du Perücken.
Lass nie dich aus der Ruhe bringen:
Es muss ja irgendwann gelingen!

Ein Könner, will er Gutes leisten,
muss weiter denken als die meisten.

Friseurin, hör den guten Rat
von einem, der Erfahrung hat:
Sehr wichtig ist die Qualität,
bei Haarschnitt, Färbung, Dauerwelle.
Der Könner weiß: Das Ganze geht
nicht mal so eben auf die Schnelle.

Kommt eine Kundin spät, dann reicht
die Zeit nicht immer aus vielleicht.
Drum ist mein Rat in solchen Fällen:
Erst <u>eine</u> Seite fertigstellen!
Und bleibt die andre Seite nach,
die machst du dann am nächsten Tag.

Die Leute sehen außer Haus
wenn möglich gern symmetrisch aus
bei Schuhen, Strümpfen und Frisur.
Warum? – Das ist Gewohnheit nur!

Fußgänger, hör den guten Rat
von einem, der Erfahrung hat:
Wenn du vor einer Kreuzung stehst,
und weißt nicht, wie du weitergehst,
ob rechts, ob links es geht zum Ziel,
entscheide nur nicht nach Gefühl!
Der falsche Weg, das merkst du später,
hat vierzigtausend Kilometer.

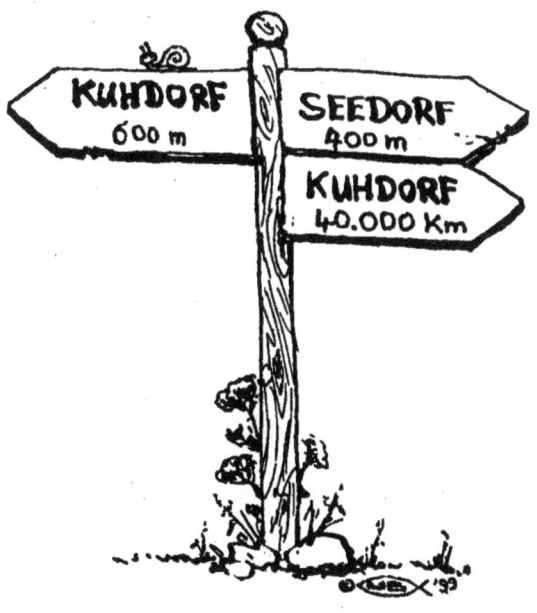

Mit einem Globus und desgleichen
wird man beim Wandern nichts erreichen.

O **Gärtner**, hör den guten Rat
von einem, der Erfahrung hat:
Es reißt sehr leicht ein Gartenschlauch
bei unfachmännischem Gebrauch.
Drum solltest du dich stets bemühen,
ihn nur zu schieben, nicht zu ziehen.

Doch ist der Schlauch erst mal gerissen,
musst du auch eine Lösung wissen,
wie die Behörde sie seit Jahren
empfiehlt, um am Budget zu sparen:

Dort wird in solchem Fall geboten,
den Schlauch nach Schema X zu knoten.
Nur steigt, das war dort nicht bekannt,
dadurch der Strömungswiderstand.

Man hindert ja auch Fleiß und Denken
durch sogenanntes Armverschränken,
das jeder wohl nicht selten sieht
als Zeichen, wie man sich bemüht.

Der gute Wille gibt fast nie
für gute Wirkung Garantie.

O **Geigenschüler**, hör den Rat
von einem, der Erfahrung hat:
Es gibt so manchen Ton beim Üben,
den deine Nachbarn wenig lieben.
Drum spiele erst dein Übungsstück
wenn du es kannst. Bis bald, viel Glück!

Es wäre manchmal gar zu schön,
die Reihenfolge umzudrehn.

Geschäftsmann, hör den guten Rat
von einem, der Erfahrung hat:
Ein Gläubiger ist gut und schön
– wenn wir ihn nicht von Nahem sehn.

Am Telefon, da sagt man dreist:
„Nicht da!". Und „Nach Diktat verreist."
heißt pfiffig es im Antwortschreiben
zum Thema, wo die Piepen bleiben.

Doch kommt der Typ zu dir ins Haus,
dann hilft nur eines noch: Reiß aus!
Sei also stets zur Flucht bereit.
Zum Umziehn bleibt dann keine Zeit.
In solchen Fällen, hoffnungslosen:
Egal, ob lange Unterhosen,
ob Stretch-Pyjama, Judo-Kluft,
nur raus und an die frische Luft!
Dann mach dich schleunigst auf die Socken.
Man nennt das heutzutage „joggen".

O **Grillfreund**, hör den guten Rat
von einem, der Erfahrung hat:
Wenn du dir einen Grill kaufst, dann
nimm einen, den man drehen kann:
Steigt dir der Rauch mal ins Gesicht,
drehst du ihn weg, dann stört er nicht.

Wie gut, dass Sonne, Regen, Wind
bis jetzt nicht fernbedienbar sind!
Denn wär es schließlich mal so weit,
dann gäb es dadurch noch mehr Streit.

O **Hausfrau**, hör den guten Rat
von einem, der Erfahrung hat:
Fehlt dir der Platz im Badezimmer
für die Flacons und Fläschchen immer,
so musst du sie zusammengießen
in <u>eine</u> Flasche. Dann gut schließen.

Wer Reste, die er nicht mehr will,
vermischt, der macht aus Rohstoff Müll.

Die wahre Schönheit kommt von innen,
vom Schminken nicht, mehr vom Besinnen.

O **Hausfrau**, hör den guten Rat
von einem, der Erfahrung hat:
Du machst bei allen dich beliebt,
wenn es zum Frühstück **Brötchen** gibt.
Und solltest du für Festlichkeiten
belegte Brötchen zubereiten,
dann stört es manchmal sehr den Frieden,
dass beide Seiten sind verschieden.
Denn – so erforschte ein Gelehrter –
die Oberseite ist begehrter.
Drum kauf, damit sie sich nicht streiten,
nur Brötchen mit zwei Oberseiten!

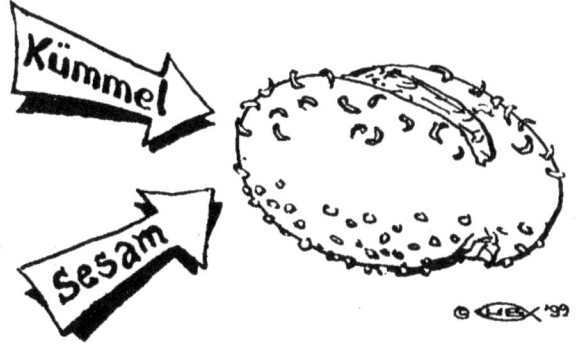

Es gibt im Markt noch viele Lücken,
um seine Kunden zu beglücken.

O **Hausfrau**, hör den guten Rat
von einem, der Erfahrung hat:
Wie kriegst du blitzschnell jeden **Fleck**
aus Decken, Hemden, Mänteln weg?
Mit Lupe wird – bei Sonnenschein –
der Fleck sofort verschwunden sein.

Es übersteigt nicht nur beim Putzen
die Nebenwirkung oft den Nutzen.

In oft zitierten Haushalts-Tipps
steckt manchmal reichlich wenig Grips.

O **Hausfrau**, hör den guten Rat
von einem, der Erfahrung hat:
Bei **Haushaltsfolie** sieht man nie,
von welcher Seite schmierig sie
denn weil die Folie transparent,
man oben / unten nicht erkennt.
Drum schreib mit wasserfestem Stift
ein O mit möglichst großer Schrift
auf eine Seite, das heißt „oben".
Man wird die kluge Hausfrau loben.

So mancher Tipp wird sehr gelobt
- so lange, bis man ihn erprobt.

Ein Tipp hat dann nur Qualität,
wenn es nicht anders besser geht.

O **Hausfrau**, hör den guten Rat
von einem, der Erfahrung hat:
Du darfst die **Kräuter** nicht vergessen,
dann schmeckt viel besser jedes Essen!
Von denen, die im Garten wachsen,
kann ich dir gern paar Blätter faxen.

Selbst beste Technik in der Küche
braucht mehr als Strom für Wohlgerüche.

O **Hausfrau**, hör den guten Rat
von einem, der Erfahrung hat:
Es schneidet **Petersilie** schneller
vom Ventilator der Propeller.
Johannisbeeren zu entkernen
ist nicht so schwer, man kann es lernen,
doch ist es gut in manchen Fällen,
die Schale vorher abzupellen.
Um welken **Kopfsalat** zu retten,
musst du ihn stärken und dann plätten.
Spaghetti-Reste hackt mit Fleiß
man klein zu XL-Langkorn-Reis.
Und zu exotischen Gerichten
passt **Kokos-Eis** mit ganzen Früchten.

Dem Schöpfergeist hilft beides sehr:
Erfolg sowohl als auch Malheur.

O **Hausfrau**, hör den guten Rat
von einem, der Erfahrung hat:
Die **Wäschemangel** – ein Gerät,
das laufen kann, auch wenn es steht –
wird gern benutzt zu vielen Zwecken:
Man mangelt Laken, Tücher, Decken
und Ähnliches im Nu schön glatt,
nachdem man es gewaschen hat.

Auch manches andere Objekt,
das man gesäubert, weil verdreckt,
kann man mit einer Mangel glätten,
statt lange mühsam es zu plätten:

Wie neu sind schon in kurzer Zeit
Halskrausen von der Geistlichkeit:
Hauchdünn und steif im Ufo-Stil,
sehr flott, modern und sachlich-kühl.
Will man im Schrank sie aufbewahren?
So ist es möglich, Platz zu sparen.

Wo früher endlos man sich mühte:
Jetzt mangelt man Zylinderhüte,
BH's, Toupets, ja selbst Perücken.
Nur Mut, es wird auf Anhieb glücken!

Doch ist natürlich beim Gerät
sehr wichtig auch die Qualität:
Die Mangel, falls sie mangelhaft,
akuten Wäschemangel schafft.
Wen wundert dann, dass sie so heißt,
wenn Mangelwäsche sie verschleißt?

Ein Mensch, der geistig eingeschränkt,
beim Mangeln nur an Wäsche denkt.
Doch kann man schon seit alten Zeiten
auch Nahrung damit zubereiten:
Falls wir zum Beispiel gerne Schollen
aus Rotbarsch produzieren wollen:
Die Mangel solche Wunder schafft.
Es mangelt ihr ja nicht an Kraft.

Pfannkuchen – eure Lieblingsspeise?
Die Mangel macht sie meterweise
und schnell: Selbst etwa zwanzig Mann
die essen kaum dagegen an.

Croissants, die zäh, weil schon betagt,
kein Mensch mehr mit Vergnügen nagt.
Die Mangel macht im Handumdrehn
sie wieder knusprig, frisch und schön.

Wer viele Nüsse braucht zum Backen,
der muss sie nicht erst lange knacken
mit Fleiß und Schweiß so manche Stunden:
Die Mangel schafft es in Sekunden.

Desgleichen mangelt eins, zwei, drei
man Apfel- und Kartoffelbrei. –
Gemangelt sieht ein Blumenstrauß
als Wandschmuck einfach prima aus.
Die Mangel kann noch sehr viel mehr
mit ihrem Super-Zubehör.
Wer das erlebt, ist völlig platt.
Wohl dem, der eine Mangel hat!

O **Hausfrau**, hör den guten Rat
von einem, der Erfahrung hat:
Die **Suppenwürfel** sind die Krone
der deutschen Kochkunst. Nichts geht ohne!
Vor allem aber eignen sie
sich bestens auch als Blitzmenü.
Doch sei so gut und schneide besser
die Ecken ab mit einem Messer,
weil sie ja dann dein lieber Mann
viel besser runterschlucken kann.

Ein Ehemann, der gut dressiert,
schluckt alles, was man ihm serviert.

O **Hausfrau**, hör den guten Rat
von einem, der Erfahrung hat:
Beim Zwiebelschneiden gibt's oft Tränen,
drum will ich einen Trick erwähnen:
Du musst sie unter Wasser schneiden,
dann kannst du Tränen ganz vermeiden.
Das geht im Pool mit Schnorchelrüssel,
– doch notfalls auch in einer Schüssel.

So mancher Mensch, der sonst recht kühl,
zeigt selbst mit Zwiebeln Mitgefühl.

O **Hausmann**, hör den guten Rat
von einem, der Erfahrung hat:
Ist jeden Tag dasselbe Leid,
dass dir beim Frühstück fehlt die Zeit?
Willst du nicht früher aus den Betten,
dann kann dich nur noch Müsli retten.

Du kannst dich morgens schnell bedienen
mit Haferflocken und Rosinen,
mit Cornflakes, Mandeln oder Nüssen,
vielleicht auch mehr, wer kann das wissen.
Doch ist auch so die Zeit noch knapp,
dann kürze das Verfahren ab:

Such dir den größten Topf im Haus,
ja den zum Wäschekochen, aus.
So zwanzig Liter sind schon richtig,
dann ist der Vorrat auch ganz tüchtig.

Erst kommt hinein, was ziemlich trocken:
Rosinen, Mandeln, Haferflocken,
Cornflakes, desgleichen und so fort.
Umrühren ist dann Leistungssport.

Nun stopp! Ich muss dich dringend bitten,
die Milch noch nicht hineinzuschütten,
denn, um es einmal so zu sagen:
Es riecht vielleicht nach ein paar Tagen.

Nur leider sind die Männer heut,
bei Küchenarbeit oft zerstreut,
und ist die Milch erst einmal drinnen,
musst du nach einer Lösung sinnen:

Den Topf im Kühlschrank aufzuheben,
das könnte schon Probleme geben.
Dagegen würde es nicht schaden,
die ganze Sippe einzuladen
zur Müsli-Party, open end.
Ob nachher dich noch jemand kennt?

Wohl denen, die die Regel kennen:
Leicht ist das Mischen, schwer das Trennen.

O **Hausmann**, hör den guten Rat
von einem der Erfahrung hat:
Lässt sich dein Kuchen schwer nur
schneiden,
war's Gips statt Mehl – das soll man meiden.
Doch hält, das ist nicht abzustreiten,
dein Kuchen jetzt für Ewigkeiten.

Wer namenlose Restbestände
benutzt, der wundert sich am Ende.

O **Hausmann**, hör den guten Rat
von einem, der Erfahrung hat:
Kaufst du dir Zahncreme, ist's am besten
sie gleich im Laden schon zu testen.
Die Bürsten liegen auch nicht weit
davon entfernt zum Test bereit.
Der Tubeninhalt – stimmt die Menge?
Du drückst sie aus und misst die Länge,
so dreieinhalb bis sieben Meter.
Das wär's für heute, tschüs, bis später!

Ein Mensch, der weiß, was sich gehört,
Verkäufer nie beim Klönen stört.

Heimwerker, hör den guten Rat
von einem, der Erfahrung hat:
Bei deinen nächsten dritten Zähnen,
nimm besser die aus Hartmetall.
Du musst dafür zwar noch mehr löhnen,
doch lohnt sich das auf jeden Fall:

Denn damit kannst Du nicht nur essen,
auch Kabelschuhe kannst du pressen,
abisolieren, Drähte schneiden.
Man wird dich sehr darum beneiden.
Ob Fliesen schneiden, Nägel ziehen –
um Werkzeug musst du dich nie mühen.

Das alles schaffst du ohne Zange
ruck zuck und suchst nicht erst noch lange.
Du öffnest Kronenkork und Dose,
ziehst Schrauben fest, die vorher lose,
sprengst Muttern auch, die festgerostet,
was dich nur noch ein Lächeln kostet.

Selbst Rohrgewinde bis zwei Zoll
beißt du in Stahl, ist das nicht toll?
Du stanzt mit Sonder-Zubehör
Zahnräder auch und vieles mehr.
Drum überleg nicht lang und breit:
Nimm Hartmetall, geh mit der Zeit!

Erfinder lacht man aus, doch später
hat die Idee dann viele Väter.

Heimwerker, hör den guten Rat,
von einem, der Erfahrung hat:
Wenn bei der Arbeit sich die Form
des Werkzeugs ändert ganz enorm,
weit mehr noch als beim Material,
war's Werkzeug wohl nur zweite Wahl.

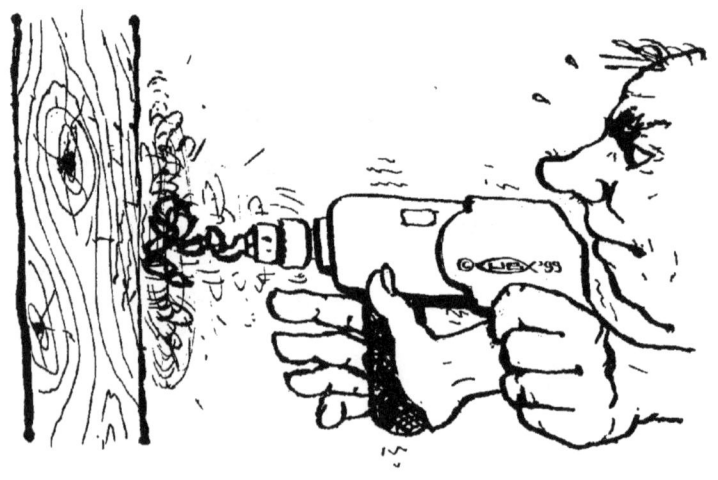

Bei großen Plänen denk beizeiten
auch an die kleinsten Kleinigkeiten.

Installateur, o hör den Rat
von einem, der Erfahrung hat:
Siehst Brenner du am Herd, aus denen
statt Flammen sprudeln die Fontänen,
und wenn die Spüle mieft und rauscht,
hast du die Rohre wohl vertauscht.

So manches macht, selbst wer gelehrt,
mit aller Sorgfalt – grundverkehrt.

O **Jüngling**, hör den guten Rat
von einem, der Erfahrung hat:
Gefällt dir eine junge Dame,
doch weißt du nicht, wie ist ihr Name?
Der wird im Telefonbuch stehen!
Und rechts daneben siehst du schon
die Nummer auch vom Telefon.
Die musst du tippen oder drehen.

Ein Telefon, das schnurlos,
verschwindet manchmal spurlos.

O **Juwelier**, hör doch den Rat
von einem, der Erfahrung hat:
Du musst, sonst geht dein Laden ein,
vor allem realistisch sein:
Den Trauring wird in vielen Fällen
man gern als Dreier-Set bestellen.
Zwei Ringe für das junge Paar
– der dritte für die Schwiemama!

Ist noch so stattlich die Erscheinung,
sie steigert nicht den Wert der Meinung.

Nicht jeder wird sehr schnell sich schlüssig,
wann passend er, wann überflüssig.

Kantinenfrau, o hör den Rat
von einem, der Erfahrung hat:
Wie viele Gänge und auch Treppen
musst du die schweren Kannen schleppen
mit Kaffee, um ihn auszuschenken?
Du musst an Zeit und Kosten denken!
Füll doch das Heizungs-Rohrsystem
mit Kaffee. Denn dann kann bequem
am Heizungs-Luftventil im Zimmer
sich jeder Kaffee zapfen – immer!

O **Kellner**, hör den guten Rat
von einem, der Erfahrung hat:
Du musst den ganzen Tag lang rennen,
dass andere genießen können.
Und wie erholsam wär's deswegen,
dich fünf Minuten langzulegen,
statt pausenlos dich zu verrenken.
Doch dabei musst du auch bedenken:
Sich hinzulegen tut nur gut,
wenn man es nicht zu plötzlich tut.
Drum guter Rat in Kürze:
vermeide schnelle Stürze.

Der beste Rat erfreut nicht sehr,
serviert man ihn uns hinterher.

O **Krimi-Autor**, hör den Rat
von einem, der Erfahrung hat:
Du darfst nicht alles ausprobieren,
was du im Zettelkasten hast.
Es könnte sonst sehr leicht passieren,
dass man dich fasst. Und dann im Knast,
da kannst du zwar gut recherchieren,
doch länger wohl, als es dir passt.

Es lebt ein großer Geist im Streit
oft mit der schnöden Wirklichkeit.

Kunstmaler, hör den guten Rat
von einem, der Erfahrung hat:
Man kann beim Malen – ob von Tieren
und Menschen, ob von andern Dingen –
schon mal den Überblick verlieren.
Kurzum: Nicht alles kann gelingen!
Drum rate ich dir sehr deswegen,
dich nicht zu früh schon festzulegen,
ob Nilpferd oder ob Giraffe,
ob Känguruh, ob Nasenaffe
und ob Gazelle oder Kuh –.
Sieht dir beim Malen jemand zu,
frag ihn, was er erkennen kann,
– und schließ dich seiner Meinung an!

Der Muse Kuss kann Schöpfergeist beflügeln,
doch manche „Künstler" wird sie eher prügeln.

O **Möbeltischler**, hör den Rat
von einem, der Erfahrung hat:
Das Gute am Regalsystem
ist, dass der Kunde es bequem
nach seinem Wunsch zusammensetzen
kann, an von ihm bestimmten Plätzen.

Doch fehlen ihm in manchen Fällen
noch Löcher an speziellen Stellen.
Drum rate ich dir sehr deswegen,
paar Löcher lose beizulegen.

Es ist, selbst wenn wir Stunden laufen,
nicht alles, was uns fehlt, zu kaufen.

Musikfreund, hör den guten Rat
von einem, der Erfahrung hat:
Kaufst du dir eine Langspielplatte,
die vorher schon ein andrer hatte,
dann solltest du die Rillen zählen.
Nicht etwa, ob ihr welche fehlen.
Es reicht ja schon, so wie ich meine,
auf jeder Plattenseite eine.
Doch jede Rille mehr, die stört,
weil man sie – hicks – dann immer hört.

So sehr uns auch „zu wenig" stört,
„zu viel" ist manchmal auch verkehrt.

O **Nachbar**, hör den guten Rat
von einem, der Erfahrung hat:
Hörst du viel Lärm und viel Geschrei,
und klingt's wie eine Straßenschlacht?
So ruf nicht gleich die Polizei.
Da wird nur „Popmusik" gemacht!

Wer sich nicht am Zeitgeist stört,
ist dem Besseres nichts wert?

O **Neubaumieter**, hör den Rat.
von einem, der Erfahrung hat:
Hörst du zu Hause ein Genage,
vielleicht nur nachts, vielleicht am Tage,
wie eine Ratte oder Maus?
O, wünsch dem Nager nicht den Tod:
Ein Nachbar nur in deinem Haus
isst Zwieback oder Knäckebrot.

Die Nachbarn sind sich sehr verbunden.
– Akustisch, vierundzwanzig Stunden.

Paketzusteller hört den Rat
von einem, der Erfahrung hat:
Ob Dinge sehr zerbrechlich sind,
weiß aus Erfahrung jedes Kind,
ihr sicher auch. Nur leider wisst
ihr nicht, was im Paket drin ist:

Ob Einmachglas mit Blaubeerbrei,
vielleicht noch mit Geschirr dabei,
ob Amboss oder Ziegelsteine.
Merkt ihr an dem Gewicht alleine
wie es den üblichen Transport
wohl übersteht, von hier nach dort??
Das wird am besten festgestellt
am Klang, wenn's auf den Boden fällt.

Es ändert manches, wenn es knallt,
den Wert, die Stückzahl und Gestalt.

O **Personalchef**, hör den Rat
von einem, der Erfahrung hat:
Suchst du für den Abteilungsleiter
Herrn X noch einen Mitarbeiter,
der, will er ihn nicht fürchten müssen,
darf <u>mehr</u> nicht können oder wissen?
Doch ein Idiot soll's auch nicht sein?
Dann ist die Auswahl aber klein!

O Chef, willst du der Klügste sein,
stell besser nur noch Trottel ein.

O **Pflegehelfer** hört den Rat
von einem, der Erfahrung hat:
Ganz sicher ihr den Fall schon kennt,
dass ausgerechnet ein Patient
am tiefsten schläft in seinem Bette,
wenn's Zeit ist für die Schlaftablette.

Das ist von ihm sehr rücksichtslos.
Was macht ihr mit der Pille bloß?
Ihm einfach in den Rachen stecken?
Das geht nicht, nein, ihr müsst ihn wecken!

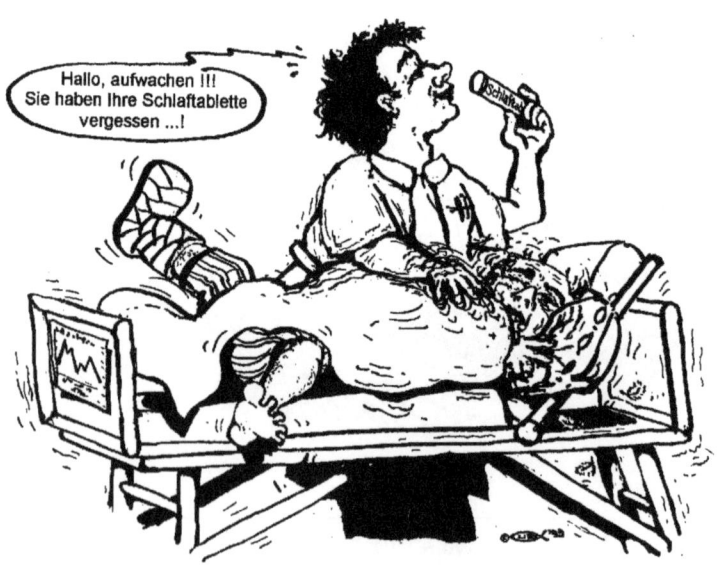

Die Jobs im Krankenhause könnten
gemütlich sein – gäb's nicht Patienten.

O **Pianist**, hör doch den Rat
von einem, der Erfahrung hat:
Es ist nicht leicht, so flott zu spielen,
dass niemand einschläft auf den Stühlen,
drum streiche das Klavier doch grün.
Schon wirkt dein Staksen frisch und munter!
– Die Farbe geht so schnell nicht runter,
doch das wird dir dann gern verziehn.

Bei Lacken gilt, wie jeder weiß,
für schön und hässlich gleicher Preis.

O **Pianist**, hör doch den Rat
von einem, der Erfahrung hat:
Es ist sehr wichtig bei Klavieren
den Mechanismus gut zu schmieren
mit reichlich Fett, vor jedem Spielen.
Vergiss auch nicht, dann nachzufühlen,
ob gut geschmiert sind alle Dinger.
Vielleicht sind fettig dann die Finger?
Da weiße Tasten leicht verschmutzen,
dann nur die schwarzen noch benutzen!

Schlägt im Computer etwas fehl,
versuch es besser nicht mit Öl.

O **Radler**, hör den guten Rat
von einem, der Erfahrung hat:
Fahr nie zu schnell nur zum Vergnügen,
du kannst genauso schnell sonst fliegen.
Der Flug ist zwar nur kurz und friedlich,
die Landung aber ungemütlich.

Man muss zuweilen, statt zu glänzen,
das Risiko bewusst begrenzen.

O **Sekretärin**, hör den Rat
von einem, der Erfahrung hat:
Wie oft suchst du ein Stück Papier
in vielen Ordnern? Merke dir:
War es nicht jedesmal dann doch
im <u>allerletzten</u> Ordner noch?
Drum such, wenn meinen Rat du hörst,
im letzten Ordner gleich zuerst.

Die Akten gern Verstecken spielen,
wenn sie sich unbeachtet fühlen.

O **Sielarbeiter**, hör den Rat,
von einem, der Erfahrung hat:.
Die Schaufel mit dem langen Stiel:
Wie nützlich ist dies Utensil!

Du kannst dich nicht nur darauf stützen,
nein, auch zum Schaufeln sie benützen.
Doch darfst die Schaufel du indessen
nicht unten in dem Loch vergessen.
Denn wird der Graben zugeschüttet,
die Straße wieder zugekittet,
wird auch das Werkzeug durchgezählt.
Und merkt man: Eine Schaufel fehlt!
Dann wird die Straße dienstbeflissen
zum Suchen wieder aufgerissen.

Strohwitwer, hör den guten Rat
von einem, der Erfahrung hat:
Du wirst nach drei, vier Küchentagen,
vielleicht auch vorher schon, dich fragen,
wenn Spüle voll und Schränke leer,
wie das denn bloß zu ändern wär.

Dir fällt, nachdem du nachgedacht,
noch ein, was deine Frau so macht
in solchen hoffnungslosen Fällen,
um diesen Notstand abzustellen. –
Nun ist ja wirklich einzusehen:
Kein Mann spült gern Geschirr im Stehen!
Ich sag dir nun, wie das Verfahren
du ändern kannst, um Kraft zu sparen:
Du kannst, so ganz bequem im Sitzen,
die Badewanne ja benützen!
So schaffst du zwei auf einen Streich:
Geschirr wird sauber, du zugleich!

O **Tante**, hör den guten Rat
von einem, der Erfahrung hat:
Du meinst, dass sich dein Neffe freue
nur über Münzen, blanke, neue?
Er wird auch schon zufrieden sein
mit einem alten blauen Schein.

Man kann nicht immer leicht ergründen,
was warum andre wertvoll finden.

O **Taucher**, hör den guten Rat
von einem, der Erfahrung hat:
Sind Haie in dem Tauchgewässer,
gilt auch für dich: Nie Fisch mit Messer!
Desgleichen ziemt sich nicht, beim Tauchen
zu essen, trinken oder rauchen.

> Wie manche Menschen sich benehmen,
> da würden sich selbst Tiere schämen.

> Im Zweifelsfall auf Sicher gehen:
> Was man nicht tut, kann niemand sehen.

O **Topstar**, hör den guten Rat
von einem, der Erfahrung hat:
Du trimmst mit Liften und Massagen
die Falten weg und hoch die Gagen,
was aber nicht verhindern kann:
Die Zeit vergeht, und irgendwann
ist für die letzte Reise Zeit.
Doch bist du dazu nicht bereit,
weil solche Szenen dir nicht passen?
Mein Rat: Vom Stuntman doubeln lassen!

Für Firlefanz hat jeder Zeit.
Wer denkt schon an die Ewigkeit?

Tourist, o hör den guten Rat
von einem, der Erfahrung hat:
Man soll – speziell auf Auslandsreisen –
nie ungewaschen Obst verspeisen.
Drum vorher duschen oder baden!
(Dem Obst kann Wasser auch nicht schaden.)

Tourismus bringt viel Geld den Küsten
– nur leider eben auch Touristen.

O **Vater**, hör den guten Rat
von einem, der Erfahrung hat:
Wenn deine Frau ein Baby kriegt,
vergiss nicht deine Vaterpflicht!
Sei selbstlos, Vater, denk daran:
Dein Sohn braucht eine Eisenbahn!

Bist du zum Opfer wohl bereit?
Beeile dich, noch hast du Zeit,
die allerletzte Gnadenfrist,
bevor dein Sohn geboren ist.
Die Chance ist sehr schnell perdü,
wenn's heißt, dein „Sohn" ist eine Sie.

So mancher gibt sich selbstlos und
verschleiert gern den wahren Grund.

O **Wandrer**, hör den guten Rat
von einem, der Erfahrung hat:
Es steht in manchem Wanderbuch
ein Rat, und der ist wirklich klug.
Man orientiert in der Natur
sich an der Sonne, mittels Uhr:
Halt' Zwölf und dicken Zeiger bitte,
so dass die Sonne in der Mitte,
dann zeigt die Zwölf den Süden an,
was man auch leicht beweisen kann.

Doch die Methode dann nur geht,
wenn Sonne scheint, die Uhr nicht steht
und wenn die Uhr noch Zeiger hat,
statt digitalem Zifferblatt.
Auch muss man das Ergebnis ändern
bei Sommerzeit. Und in den Ländern
der Südhalbkugel unsrer Welt
wird alles auf den Kopf gestellt.

Wenn die Methode dir nicht passt,
und wenn du keinen Kompass hast,
sei notfalls mit dem Tipp zufrieden:
Ist Norden links, geht's rechts nach Süden!
– Auch bei der Regel mit dem Moos
am Baum gilt: Ohne Moos nichts los.

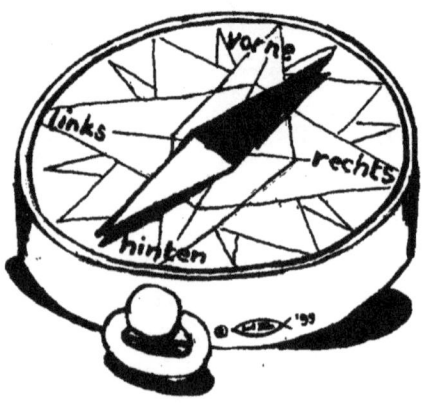

O **Xaver**, hör den guten Rat
von einem, der Erfahrung hat:
Du stehst und wartest wieder mal
auf deinen Bus. – Siehst du im Tal
ganz fern was großes Gelbes, dann
denkst du, der Postbus kommt gleich an!
Nein, Xaver, nicht zu früh gefreut:
Die Zenzi ist's, im gelben Kleid!

Ein Merkmal, das Verwechslung schafft,
erscheint uns selten schmeichelhaft.

O **Zahnpatient**, hör doch den Rat
von einem, der Erfahrung hat:
Beim Zahnarzt geht's dir manchmal schlecht.
Du musst, bringt dich der Folterknecht
beim Bohren an des Wahnsinns Rand,
ein Liedchen pfeifen. Das entspannt!

Das würde manchem wohl so passen:
Beim Zahnarzt sich vertreten lassen.

Bei Zähnen ist nicht schön
das Kommen und das Gehn.

Bei schlechten Büchern steigt der Wert
durch Seiten, die noch unversehrt
und brauchbar sind als Schmierpapier.
Das fehlt hier sehr, verzeiht es mir!

Nachwort:

Selbst das langweiligste Buch ist irgendwann einmal zu Ende.
Und, haben Sie noch Appetit auf leicht verdauliche Gedichte?
Wilhelm Busch, Dichter und Zeichner von „Max und Moritz",
hat außerdem viele Gedichte voll Lebensweisheit geschrieben.
Von Eugen Roth „Ein Mensch..." kommt eine unfassbare Zahl
von Gedichten mit Humor und Tiefsinn, über fast alle Themen.
Auch viele Gedichte von Erich Kästner, Christian Morgenstern,
Joachim Ringelnatz und Heinz Erhardt werden Ihnen gefallen.
Und es gibt noch viele andere Dichter, eine große Auswahl.

Bekannte Namen, pompöse Einbände und viel versprechende
Buchtitel sind noch keine Garantie für genussvolles Lesen,
und was heute „in" ist und morgen „out", das verdient Skepsis.
Natürlich gibt es auch objektive Merkmale für die Qualität von
Gedichten, aber letztlich zählt, was Ihnen persönlich gefällt.
Sprechen Sie auch mal mit anderen darüber, was Sie gern
lesen oder lesen würden? So können Sie interessante Tipps
und vielleicht auch Bücher untereinander austauschen.

Ich selbst lese auch gern Aphorismen und andere Weisheiten
bekannter oder unbekannter, deutscher oder ausländischer
Denker, die mit einer Zeile mehr sagen, als andere mit vielen.
Nicht zu vergessen: die Bibel, ein wirklich einmaliges Buch!
Falls „Kirche" oder „Christen" Sie enttäuscht haben, liegt es
meist daran, dass die sich nicht genug nach der Bibel richten.
Aber soll man der Bibel auch noch die Schuld daran geben?
Es gibt übrigens neue Übersetzungen, die gut zu lesen sind.
Man kann bei der Bibel z. B. beim „Alten Testament" (vorn) oder
beim „Neuen Testament" (letztes Drittel) anfangen.

Manche Gedichte und Lebensweisheiten lernt man ungewollt
schon auswendig, wenn man sie mag und sie deshalb hin und
wieder liest. Man hat sie dann auch immer „zur Hand":
unterwegs, mit Kollegen, Freunden, Verwandten oder allein.
Passende Zitate lösen Probleme und heben die Stimmung.
Es tröstet, festzustellen, dass es anderen ähnlich ergangen ist,
die das Problem dann gleich mit scharfem Geist und oft auch
mit spitzer Zunge bloßgestellt oder charmant entwaffnet haben.
Überhaupt: Geistige Genüsse sind sehr preiswert, klausicher,
wertbeständig und vermehren sich durch Teilen mit anderen.
Manche wollen Ihnen einreden, dass nur Käufliches wertvoll ist.
Es ist aber eher umgekehrt. Bis bald?   *Rainer Thomsen*

Woher die kleinen Späße kommen...

Rainer Thomsen und Uwe Beer haben einiges gemeinsam:
Sie sind von Herzen überzeugte Christen. Beide wissen aber
auch von den Problemen in dieser Welt, und jeder versucht, auf
seine Weise hier und da zu helfen.
Sie haben aber auch eine große Hoffnung und daher viel
Lebensfreude, von der sie gern etwas abgeben, wie hier.
Wieviel beschwingter wird unser oft so lahmes Leben
doch, wenn wir ganz alltägliche Dinge mal durch eine
andere Brille sehen! – Aber das Wichtigste im Leben
sehen wir nur, wenn wir es wirklich sehen wollen.

Rainer Thomsen wurde 1942 geboren, lebt in Hamburg
(also in der norddeutschen Triefebene), ist verheiratet,
hat zwei erwachsene Söhne und einen kleinen Enkel.
Er ist begeisterter Heimwerker, liebt Folklore-Musik,
liest gern Aphorismen, Gedichte mit Humor und
Tiefgang und nicht zuletzt auch die Bibel, die ja
eine unerschöpfliche Quelle der Erkenntnis ist.
Der Ingenieur war von jeher ein Querdenker mit
vielen Ideen: Erst als Konstrukteur von Maschinen
und als Betriebsorganisator, seit einigen Jahren als
freiberuflicher Verfasser von Bedienungsanleitungen
und hier auch noch als Dichter von ebenso sachkundigen
wie nützlichen Ratschlägen.

Uwe Beer, Jahrgang 1962, lebt in Sereetz bei Lübeck,
fröhlich zwischen Marzipan und Schwartauer Marmelade.
Er ist glücklicher Familienvater und gelernter Augenoptiker.
Aber auch im übertragenen Sinn legt er Wert auf Durchblick:
Nebenberuflich hat er schon mehrere Sach- und Fachbücher
illustriert. Nach einer Zeit auf See (auf dem christlichen
Hospital-Missions-Schiff Anastasis) und dem Besuch einer
theologischen Fachschule studiert er jetzt Sozialpädagogik.
Ihn interessieren u. a. die Bibel, die Archäologie und die Arbeit
für und mit Kindern. Er lernt auch gern andere Menschen und
Kulturen kennen.

Stichwortverzeichnis (die Sprüche sind hier nicht berücksichtigt)

38	Kräuter	66	Schmieren
29	Kreuzung	20	Schreibtischmensch
56	Krimi-Autor	53	Schwiegermutter
46	Kuchen	68	Sekretärin
16	Kumpel	69	Sielarbeiter
57	Kunstmaler	39	Spaghetti
59	Langspielplatte	8	Sterne
78	Liedchen	84	Streitkultur
58	Loch	70	Strohwitwer
19	Lyrik	73	Stuntman
40	Mangel	18	Südsee
12	Marder	42	Suppenwürfel
58	Möbeltischler	71	Tante
75	Modellbahn	72	Taucher
71	Münzen	32	Telefon, Geschäftsm
59	Musikfreund	52	Telefon, Jüngling
44	Müsli	73	Topstar
60	Nachbar	74	Tourist
71	Neffe	53	Trauringe
61	Neubaumieter	76	Uhr
74	Obst	75	Vater
68	Ordner	76	Wanderer
18	Ostsee	40	Wäschemangel
62	Paketzusteller	51	Wasser
34	Parfum	50	Werkzeug
10	Parkplatz	77	Xaver
63	Personalchef	47	Zahncreme
39	Petersilie	78	Zahnpatient
64	Pflegehelfer	8	Zeitung
65-66	Pianist	77	Zenzi
60	Popmusik	61	Zwieback
77	Postbus	43	Zwiebeln
67	Radler		
33	Rauch		
58	Regalsystem		
69	Schaufel		
64	Schlaftablette		
30	Schlauch		

Leseprobe aus dem nächsten Buch:

Streitkultur

Es kann immer mal im Leben
allzu leicht Verstimmung geben,
auch, wo sonst nur immer Frieden,
denn die Menschen sind verschieden.

Die Wahrscheinlichkeit ist wirklich klein,
einer Meinung immer nur zu sein.
Hat von zweien einer immer Recht?
Ist wer Recht hat gut, der andre schlecht?

Niemand ist aufgrund von Amt und Alter
schon der Weisheit würdiger Verwalter.
Auch mit Titeln oder Muskelmassen
wird die Wahrheit sich nicht pachten lassen.
Wenn man frecher ist und lauter schreit,
zeugt selbst das nicht von Unfehlbarkeit.

Und auf diese Weise leicht passiert,
dass der Streit ganz maßlos eskaliert.
Darum niemals faule Mittel wählen,
wenn beim Streit dir Argumente fehlen.
Denn dem Gegner bleibt trotz Schlips und Frack
sonst von dir ein übler Nachgeschmack.

Höflichkeit beim Streit man leicht vergisst,
sagt auch mal, was übertrieben ist.
Überhör es, komm nicht gleich in Wut.
Zu vergeben ist für beide gut.

Ist der Stand der Dinge ungewiss,
hilft oft nur ein guter Kompromiss.
Selbst, wenn dies und das uns daran stört:
Guter Stil ist auch ein Opfer wert.

Später, wenn der Streit vorbei,
ist es auch nicht einerlei,
wie dein Ruf ist. Doch nicht nur
deshalb denk an Streitkultur:

Mach (das spart auch Zeit)
einen fairen Streit.
Ohne Sachlichkeit
gehst du leicht zu weit.